1۲/۹۳ ۴۲۰۲

۲۶ بهمن

LES MÉTAMORPHOSES,

COMÉDIE,

EN QUATRE ACTES,

AVEC

QUATRE INTERMEDES;

Par M. B. DE VA*** (pav en de Saiufo

Représentée pour la premiere fois le Jeudi 25 Avril 1748,
par les Comédiens Italiens Ordinaires du Roy.

Le Prix est de vingt-quatre sols.

A PARIS;

Chez CAILLEAU Libraire, rue S. Jacques ;
au-dessus de la rue des Mathurins, à S. André.

M. DCC. XLIX.

Avec Approbation & Permission.

AVERTISSEMENT.

LE hazard m'avoit conduit dans le Magazin de la Comédie Italienne ; j'y vis des Décorations qui me parurent singulieres ; on me dit qu'elles avoient été faites pour une Comédie qu'on n'avoit pas pû jouer ; j'imaginai d'en faire une sur ces Décorations ; je traçai ce Canevas où mon idée a été uniquement d'amener des Scenes plaisantes & des lazzis entre les Acteurs comiques, des Danses, du Chant, des Machines, enfin beaucoup de Spectacle pour les yeux : quoique toute en François, cette Piéce fut affichée, *Comédie Italienne* ; c'étoit assez annoncer son genre.

ACTEURS.

ZULPHIN, *Génie, pere de Floriſſe.*

GALLANTINE, *Fée, mere de Zermés.*

FLORISSE.

ZERME'S.

MUTALIB, *Génie, frere de Zulphin & de Gallantine.*

CORALINE.

Un GNOME.

ARLEQUIN.

SCAPIN.

LES MÉTAMORPHOSES,
COMÉDIE.

ACTE PREMIER.

Le Théâtre repréſente une Tour au milieu de nuages ſuſpendus qui s'étendent du bas en haut, & rempliſſent tout le fond.

SCENE PREMIERE.

FLORISSE, MUTALIB *ſous la figure d'un Sauvage, gardien de Floriſſe ; il la regarde quelque temps ; elle a les yeux baiſſés, ſoupire & paroît plongée dans la plus profonde rêverie.*

MUTALIB.

Quel ſoupir ! vous m'avez promis que ſi je vous laiſſois ſortir, vous m'ouvririez votre cœur ?

FLORISSE.

Que veux-tu que je te diſe ?

MUTALIB.

Ce que vous penſez.

A

FLORISSE.

Je ne pense à rien.

MUTALIB.

A votre âge, une fille pense toujours à quelque chose.... Allons, parlez donc.

FLORISSE.

Laisse-moi.

MUTALIB.

Puisque vous ne voulez pas parler, je vais parler moi. Parmi les Génies, il y en avoit un....

FLORISSE.

Oh, tu vas me conter une histoire!

MUTALIB.

Sans doute, je vais vous conter une histoire; vous m'en demandez tous les jours?

FLORISSE.

Je ne suis pas en humeur aujourd'hui d'en entendre.

MUTALIB.

Ecoutés seulement; je vous réponds que celle-ci vous intéressera; parmi les Génies, il y en avoit donc un, beau, bienfait, vif, brillant, enjoué, fourbe, perfide, en un mot, merveilleux pour les femmes; après en avoir trompé un grand nombre, il trouva que la Fée Poupette manquoit à ses triomphes; il mit tout en usage pour l'avoir, & il l'eut; mais à peine fut-il heureux, qu'il ne s'en soucia plus, & qu'il la sacrifia à une simple mortelle; la Fée outrée de se voir abandonnée, complotta, caballa avec plusieurs autres qu'il avoit trahies comme elle; notre Génie à bonnes fortunes fut cité au Conseil souverain des Fées, & voici l'Arrêt qui fut rendu : *Le Génie Zulphin....*

FLORISSE.

Que veux-tu dire ? Le Génie Zulphin ? C'eſt mon pere ?

MUTALIB.

Sans doute, c'eſt votre pere, & c'eſt auſſi ſon hiſtoire que je vous raconte ; on n'inſtruit pas ordinairement les enfans des fredaines de leurs parens, à moins qu'on n'en ait de fortes raiſons ; vous jugerez des miennes par la ſuite de mon récit, & ſi le temps n'eſt pas venu de vous faire ce petit détail ; revenons à l'Arrêt ; *Le Génie Zulphin deviendra laid, peſant, lourd, décrepit, à l'inſtant que la fille qu'il a euë d'une mortelle, (c'eſt vous) preſſée par ſon amour, en fera l'aveu à ſon Amant.*

FLORISSE.

O ciel !

MUTALIB.

Ce n'eſt pas le tout ; votre pere a parmi les Fées une ſœur du même caractére que lui ; vive, folle, étourdie, coquette, capricieuſe, ſe croyant trop au-deſſus de tout pour ménager les bienſéances ; un Génie qu'elle trompoit, la ſurprit avec un Mortel ; il repréſenta que puiſque les Fées avoient cru devoir ſe venger des galanteries du frere, il étoit juſte qu'on punît auſſi les coquetteries de la ſœur ; l'Arrêt fut rendu commun entr'eux.

FLORISSE.

Quel Arrêt, grands Dieux !

MUTALIB.

Il eſt ſûr que pour un Petit-Maître & pour une Coquette, qui ne ſont occupez que de leurs graces, de leurs ajuſtemens, de leur jargon & de leur maintien, rien n'eſt plus terrible, rien n'eſt plus épouvantable que de penſer que tout d'un coup, dans un inftant, ils tomberont de cet état qui leur paroît fi délicieux, fi brillant, dans l'état affreux de la décrépitude ; c'eft pour parer ce coup fatal que votre pere vous tient depuis l'âge de cinq ans enfermée dans ce château, & la Fée fa fœur avoit pris la même précaution à l'égard de fon fils ; mais ce fils s'eft échappé ; c'eft ce jeune homme qui s'arrêta hier fi long-tems à vous confidérer tandis que vous étiez à la fenêtre, qui vous plût tant, à qui vous avez rêvé, j'en fuis fûr, toute la nuit..... Mais, quoi, vous voilà toute en pleurs ?

FLORISSE.

Ohimé ! ohimé ! pauveretta ! pauveretta !

MUTALIB.

Ne vous affligez pas....

FLORISSE.

Sonó perduta ! fonó perduta !

MUTALIB.

Je ne vous ai fait tout ce détail que pour vous prévenir fur le danger....

FLORISSE.

Mon pere ne voudra jamais devenir laid ; il me tiendra toujours renfermée dans ce château ; moriró ! moriró ! moriró !

MUTALIB.

Vous ne mourrez point, & vous ne refterez pas toujours renfermée dans ce château ; connoiffez-moi, Floriffe ; j'ai pris la figure du Sauvage qui vous a gardée jufqu'à préfent ; je fuis le Génie Mutalib, frere de votre pere ; prévoyant les malheurs qui vous ménacent, je viens contre mon frere & ma fœur, vous défendre vous & votre Amant.

FLORISSE *le careſſant.*

Ah, mon cher oncle! mon cher oncle!...

MUTALIB.

J'ai été indigné de voir un pere & une mere, livrés à tous les égaremens du cœur & de l'eſprit, condamner des enfans innocens à une éternelle priſon.... Mais, j'apperçois Arlequin & Scapin; ils ſont au ſervice de votre pere; il ne faut pas qu'ils voyent que je vous laiſſe ſortir; rentrez vîte, tandis que ſous cette figure qui me déguiſe à leurs yeux, je vais tâcher de ſçavoir ce qu'ils viennent faire ici.

FLORISSE *en s'en allant.*

Mon cher oncle, je n'ai d'eſpoir qu'en vous.

MUTALIB.

Il y aura bien des obſtacles à ſurmonter, ma chere niéce, mais j'eſpere en venir à bout.

SCENE II.

MUTALIB *toujours ſous la figure du Sauvage,*
ARLEQUIN, SCAPIN.

ARLEQUIN *à Scapin.*

JE te dis que j'en ſuis ſûr.

SCAPIN.

Et moi, je te dis que tu te trompes.

ARLEQUIN.

Tu t'obſtines mal à propos.

SCAPIN.

C'eſt toi qui a tort.

ARLEQUIN.

Enfin, nous avons parié?

A iij

SCAPIN.

Certainement.

ARLEQUIN.

Tu perdras.

SCAPIN.

Nous verrons.

ARLEQUIN *appercevant Mutalib ;*
& l'embraſſant.

Eh, bon jour, mon cher Sauvage.

MUTALIB *gravement.*

Bon jour.

SCAPIN *l'embraſſant auſſi.*

Ton ſerviteur, mon ami.

MUTALIB.

Ton ſerviteur.

ARLEQUIN *careſſant la mouſtache*
de Mutalib.

La voilà, cette mouſtache ! la belle mouſtache !
eh bien, Scapin, paries-tu encore ?

SCAPIN.

Toujours.

MUTALIB.

Qu'avez-vous donc parié !

ARLEQUIN.

En venant ici, nous parlions de toi & de tout
ton mérite, il m'a ſoutenu que ta mouſtache étoit
poſtiche.

SCAPIN.

Et je le ſoutiens encore.

ARLEQUIN.

Je te ſoutiens qu'elle eſt naturelle.

SCAPIN.

Elle ne l'eſt pas, te dis-je.

ARLEQUIN.

Elle ne l'est pas ? Quel entêté ! oh cela me met
dans une colére.... Tien, regarde donc.

Il tire de toute sa force. & traîne
Mutalib par la mouſtache.

MUTALIB.

Ah ! ah ! ah ! coquin ! coquin !

ARLEQUIN *à Scapin.*

Diſputeras-tu encore ?

SCAPIN.

Sans doute.

ARLEQUIN.

Quoi, tu n'as pas perdu ?

SCAPIN.

Pour me convaincre, il faut que je tire moi-
même.

MUTALIB

Tirer toi-même ?

SCAPIN.

Apparament.

MUTALIB *levant ſa maſſuë.*

Approche.

SCAPIN.

Eh bien le pari eſt nul.

ARLEQUIN *à Mutalib.*

Que diantre laiſſe-le tirer, ne fuſſe que pour
l'honneur de ta mouſtache.

MUTALIB.

Marauts, ſi je laiſſe tomber ma maſſuë....

ARLEQUIN.

Mais, tu as tort.; tu ſçais que j'aurois gagné ; tu
me fais perdre cet argent-là, comme ſi tu le volois
dans ma poche.

MUTALIB *froidement, feignant de s'en aller.*

Au revoir.

ARLEQUIN *le faisant revenir.*

Où vas-tu donc ?

MUTALIB.

A mon poste.

ARLEQUIN.

A ton poste, vilain Suisse ; demeure, nous avons à te parler ; le Génie notre Maître a sçu qu'un jeune homme avoit rodé hier long-temps autour de ce château.

MUTALIB.

Il est vrai.

ARLEQUIN.

Il nous envoye te dire de veiller plus exactement que jamais sur Mademoiselle Floriste.

MUTALIB *froidement, & feignant encore de s'en aller.*

Je ferai mon devoir, j'assommerai ce jeune homme, s'il revient.

ARLEQUIN.

Animal, ne sçais-tu pas que par l'Arrêt prononcé contre notre Maître, il ne lui est pas permis d'employer la force, ni les secrets de son art contre ceux qui tâcheront de se faire aimer de la fille ?

MUTALIB.

Je l'avois oublié.

ARLEQUIN.

Il a promis de nous récompenser magnifiquement, Scapin & moi, si nous pouvons par quelque ruse éloigner ce jeune homme.... Scapin ?

SCAPIN.

Eh bien ?

ARLEQUIN.

Il me vient une idée.

SCAPIN.

Voyons.

ARLEQUIN.

Je prendrai un des habits de Mademoiselle Floriffe; je me préſenterai comme ſi j'étois elle....

SCAPIN.

La peſte de l'animal! voyez, voyez le beau minois pour qu'on le prenne pour une jolie fille?

ARLEQUIN.

Je dirai à ce jeune homme....

SCAPIN.

Que pourras-tu lui dire? Il s'imaginera bien qu'on ne garderoit pas avec tant de ſoin une guenon comme toi.

ARLEQUIN.

Que tu es bête! que tu es bête! (*montrant Mutalib*) il eſt bien butor, bien lourd, bien épais, cependant je ſuis ſûr qu'il devine....

MUTALIB *gravement.*

Tu te trompes, je ne devine pas.

ARLEQUIN.

Eh bien, animaux que vous êtes, écoutez-moi; je dirai à ce jeune homme que mon pere, par la puiſſance de ſon art, m'a ainſi enlaidie; quand je dis enlaidie, c'eſt-à-dire, un peu diminué de la blancheur, de la fineſſe, de l'éclat de mon teint; (*prenant un ton de mignardiſe & de fatuité*) car, enfin, après tout, ſans trop ſe flatter, ſous quelque déguiſement que l'on ſoit, on ne ſera jamais à faire peur, & j'ai vû vingt Maîtreſſes à Scapin avec qui je n'aurois fait certainement nulle comparaiſon, nulle comparaiſon pour la taille & la figure.

MUTALIB.

Cela marque ſon bon goût !

SCAPIN.

Quoi, tu dis que tu m'as connu des Maîtreſſes....

ARLEQUIN *toujours d'un ton fat.*

Oui, Monce Scapin, Monce Scapin, nulle comparaiſon ; briſons, briſons là-deſſus ; ſi l'amour que
vous avez pour elles, vous aveugle, j'en ſuis fâché.... Mais j'aperçois quelqu'un ; ſeroit-ce jeune
homme ?

MUTALIB.

Lui-même.

ARLEQUIN.

Allons, allons, Scapin, entrons, entrons vîte
pour nous déguiſer.

Son pied heurte contre la maſſuë de Mutalib ;
il tombe, en ſe relevant, il tire ſa batte &
le frape.

MUTALIB.

Ah, coquin !

ARLEQUIN.

Pourquoi me fais-tu tomber ? tu es bienheureux
que je n'aye pas le tems de te battre ; ce butor.... ;
avec ſa maſſuë.... ſa mouſtache....

MUTALIB *courant après lui.*

Attends, attends....

ARLEQUIN.

Je ne puis pas, je ſuis trop preſſé.

SCENE III.

MUTALIB *au bord du Théâtre*, ZERME'S *au fond, confidérant le château.*

MUTALIB.

IL regarde s'il ne verra point paroître fa Maîtreffe ; ces pauvres Amans font menacez de grands malheurs ; je les protégerai de tout mon pouvoir ; mon cher neveu, tu auras befoin de courage & de fermeté.... Servons-nous de la puiffance de mon art pour exciter des preftiges ; faifons naître des monftres ; éprouvons s'il eft capable d'affronter la mort & les dangers, & s'il ne fe laiffera point épouvanter.

ZERME'S *s'approchant de Mutalib.*
Mon ami, à qui appartient ce château ?

MUTALIB *fierement.*
A moi, qui t'ordonne de t'en éloigner.

ZERME'S *fouriant.*
Tu me fais naître l'envie d'y entrer.

MUTALIB *fe mettant entre lui & le château & levant fa maffuë.*

Ofe en approcher.

ZERME'S *fondant l'épée à la main fur Mutalib qui difparoît ; à fa place paroît un Géant, ayant la barbe & tout le corps vert.*
Ah, tu me ménaces ? Ces obftacles qu'on m'oppofe, me prouvent que la jeune perfonne que je vis hier à cette fenétre, eft retenue malgré elle dans ces lieux ; tentons tout pour la délivrer.

Il combat le Géant qui s'abîme ; à sa place paroît une
autre figure, moins grande, toute noire, mais ayant la
barbe, les cheveux & les sourcils blancs & des aîles. Cette
figure s'abîme encore ; il sort une grosse gerbe de feu, & ensuite de la fenêtre s'allonge & se replie un grand serpent,
qui paroît tout d'un coup se changer en un oiseau mons-
trueux ; Zermés le frappe, il s'envole en jettant un cri lu-
gubre ; la porte du château s'ouvre; Arlequin & Scapin paroissent déguisés en femmes.

ZERME'S.

Enfin cette porte s'ouvre ; voyons quel nouveau
monstre va en sortir.

SCENE IV.

ZERME'S, ARLEQUIN ET SCAPIN
en femmes.

ARLEQUIN *s'appuyant sur le bras de Scapin,*
avance nonchalamment.

N'ALLONS pas plus avant : arrétons-nous, ma bonne ;
Je ne me soutiens plus, ma force m'abandonne.

ZERME'S.

Mesdames, vous sortez de ce château ; je vous
prie de contenter ma curiosité au sujet d'une jeune
personne que j'y vis hier à cette fenêtre....

ARLEQUIN.

Hélas !

SCAPIN.

Hélas !

ZERME'S.

Comment ! lui seroit-il arrivé quelque malheur ?

SCAPIN.

Seigneur, cette jeune perſonne dont la vûë parut vous intéreſſer, & à qui vous n'avez inſpiré que trop d'amour....

ARLEQUIN.

Ah! ma bonne, ménage ma pudeur; quel aveu vas-tu faire?

SCAPIN.

Mon enfant, nous n'avons pas le tems d'obſerver les bienſéances....Seigneur, la voilà.

ZERMES.

La voilà! ce monſtre....

ARLEQUIN.

Ah, je me meurs! je me meurs!

SCAPIN.

Ma petite, ma chere petite....

ARLEQUIN.

Je ſuis un monſtre à ſes yeux!

SCAPIN *à Zermés.*

En vérité, Seigneur, cela n'eſt pas bien.

ZERMES.

Quoi, tu voudrois me perſuader....

SCAPIN *pleurant.*

Ce qui n'eſt que trop vrai....C'eſt elle, & vous voyez en moi ſa fidelle nourice.

ZERMES.

Seroit-il poſſible!....Mais, après tous les prodiges que je viens de voir, rien ne doit m'étonner;...(*à Arlequin*) Quoi, vous ſeriez cette perſonne adorable....

ARLEQUIN.

Ah! laiſſez-moi, laiſſez-moi....

ZERMES.

Arrêtez....

ARLEQUIN.

Un monstre !...

ZERMES.

De grace....

SCAPIN.

Ma petite, vous êtes si changée, il est excusable.

ARLEQUIN.

Non, il ne l'est pas....

ZERMES.

Madame, je vois qu'il y a de l'enchantement dans tout ceci ; daignez m'éclaircir ce mistére, & comptez que je suis prêt à sacrifier mille fois ma vie pour vous servir & vous venger.

ARLEQUIN *soupirant & le regardant tendrement.*

Qu'on est foible quand on aime ! Seigneur, si vos yeux ont pû me méconnoître, votre cœur n'auroit pas dû s'y tromper ; apprenez mes malheurs. A l'âge de cinq ans, j'ai été enfermée dans ce château, sous la garde d'un vilain Sauvage ; j'y ai passé mes plus tendres années, sans sentir ma captivité ; ma bonne qui conte fort joliment, me faisoit de petites histoires ; d'ailleurs il ne m'y manquoit rien de tout ce qui peut servir à amuser & à former le cœur & l'esprit des jeunes personnes de qualité ; j'y avois des perroquets, des pantins, des singes, des petits chiens ; je faisois des nœux : mais, enfin, l'âge amene les idées ; je commençai à me regarder plus souvent à mon miroir ; avec cet embonpoint charmant qui perfectionne nos charmes, je sentis croître en moi un certain trouble, des desirs confus ; ma bonne, qui est la modestie même, demeuroit quelquefois toute interdite des questions que je lui faisois par pure innocence ; l'ennui me gagnoit de plus en plus ; je lui demandai fi fouvent quand nous fortirions de cette prifon, qu'enfin elle m'apprit que mon pere tâcheroit de m'y retenir toujours, parce qu'il étoit menacé d'un grand malheur à l'inftant que je prononcerois pour la premiére fois cet aveu toujours fi embaraffant pour une bouche timide, ces mots *je vous aime*, qui coutent tant à prononcer à une fille bien née.... Mais, qu'enfin on prononce tôt ou tard. Hier le hazard conduifit vos pas au pied de ce château; vous vous arrêtates; je ne me laffois point de vous regarder :

> Epargnez-moi, Seigneur, d'en dire davantage;
> Je fens que la rougeur me couvre le vifage.

ZERMES.

Ah, de grace, Madame, achevez;

ARLEQUIN.

Mon pere qui nous examinoit fans doute, démêl l'impreffion que vous faifiez fur mon foible cœur, & foit pour me punir, foit qu'il ait cru trouver un moyen d'éviter le malheur qu'il craint, d'un coup de baguette il a fait évanouir le peu de charmes que j'avois.

ZERMES.

Le barbare! un pere peut-il être affez inhumain ... charmante perfonne !...

ARLEQUIN.

Ce n'eft pas la perte de ma beauté qui m'afflige le plus; je fuis moins vaine que tendre; mais quand je penfe que je vais perdre auffi votre cœur ... Car vous ne m'aimerez pas faite comme je fuis ?

SCAPIN.

Hé, pourquoi non, Madame, Monfieur paroît un galant homme; il voit que vous fouffrez à caufe

de lui ; cela doit l'attacher encore plus à vous ;
d'ailleurs il y a des moyens de finir votre enchantement.

ZERME'S à Scapin.

Ah! dites-les-moi promptement....

ARLEQUIN à Scapin.

Non, ma chere, non, ne les dis pas.

ZERME'S.

Quoi, Madame, douteriez-vous de mon courage, ou voulez-vous me laisser croire que vous re-
servez à un Amant plus chéri la gloire de vous tirer
de l'état où vous êtes ?

ARLEQUIN.

Ah! ne me faites pas cette injustice ; mais, je vous
avouë que quand je pense aux moyens qu'il fau-
droit que vous employassiez pour me desenchanter,
le cœur me saigne.

SCAPIN.

Et à moi aussi ; mais enfin, il n'en mourra pas :
Seigneur, en partant d'ici, il faut que vous mar-
chiez toujours vers l'Orient ; vous vous arrêterez
dans le premier bois que vous trouverez, & là,
pendant huit jours ... vous voyez que le terme
n'est pas long ? ...

ZERME'S.

Eh bien, pendant huit jours ?

SCAPIN.

Tous les matins, avec cette ceinture, vous vous
appliquerez vingt-deux coups bien comptez ; pour
vous épargner la peine de vous les donner vous-
même, je m'offrirois à vous accompagner ; mais,
comme il faudra que vous soyez tout nud, la pudeur ne me permet pas ....

FLORISSE

FLORISSE *qui est depuis quelques momens à la fenêtre, s'écrie.*

Infâmes scélerats, coquins ? Seigneur, châtiez ces deux fourbes qui se sont ainsi déguisez pour vous tromper....

ZERMES *leur apliquant plusieurs coups de la ceinture avant qu'ils puissent se sauver.*

Ah, marauts !

ARLEQUIN *tachant de se sauver.*

Seigneur, Seigneur, prenez garde ; je suis la vraye Florisse ; celle qui est à la fenêtre n'est qu'un phantôme.

ZERMES *battant Scapin.*

Et la nourrice, la fidelle nourrice ?

SCAPIN.

Ah, ah, ah !

ZERMES *les ayant poursuivi jusque dans la coulisse, revient sur le Théâtre.*

Les coquins, comme ils me jouoient, ... Voyons s'il se présentera encore quelqu'obstacle pour m'empécher d'entrer dans ce château ?

Il s'avance pour entrer ; la porte se hausse, se baisse, se met à droit & à gauche ; il s'accroche au balcon, & entre.

B

SCENE V.

MUTALIB *toujours sous la figure du Sau-*
vage, ARLEQUIN, SCAPIN.

MUTALIB *à part.*

JE suis fort content & de l'intrepidité que mon
Neveu a montrée contre ces monstres, que je
n'avois produits que pour éprouver son courage, &
de la petite correction qu'il à faite à ces drôles-ci ;
on voit à leurs grimaces & à leurs contorsions que
les épaules leur font mal. (*à Arlequin*) Ce jeune
homme me paroît peu poli avec le beau Sexe.

ARLEQUIN.

Je crois que tu veux railler, vilain marabous ?
Morbleu, tu mériterois que nous te rendissions au
centuple les coups que nous avons reçus.

SCAPIN.

Sans doute, ne devois-tu pas empêcher Mademoiselle Florisse de se mettre à la fenêtre ? Tout
alloit bien jusques-là ; tu peux compter que je dirai
à notre Maître la façon dont tu le sers.

MUTALIB.

Sors d'erreur : apprens que je n'ai point de Maître ; que je ne sers que la justice & l'équité , & que
je suis Mutalib.

SCAPIN *tout tremblant.*

Seigneur... pardonnez... l'ignorance... qui nous
faisoit ignorer... que vous étiez... sous cette vilaine
figure... nous rend... excusables.

ARLEQUIN.

Certainement, si j'avois sçû que c'étoit vous, Seigneur, je n'aurois pas été assez impertinent pour vous tirer la moustache.

MUTALIB.

Je ne suis fâché que de vous voir tâcher de seconder l'injustice d'un Pere & d'une Mere assez barbares pour avoir voulu tenir toujours leurs enfans dans une étroite prison.

ARLEQUIN.

Quand les Maîtres ne sont pas bons, il faut bien que les Valets soient méchans.

MUTALIB.

Ainsi, vous pourriez être honnêtes-gens l'un & l'autre, si vous aviez un bon Maître ?

ARLEQUIN.

Oh, oui! je crois que je serois honnête homme, si j'avois les moyens de n'être point un coquin.

MUTALIB.

Eh bien, je vous promets de vous recompenser au-delà de vos espérances. Attachez-vous à moi.

SCAPIN.

Volontiers.

ARLEQUIN.

De tout mon cœur, aussi-bien votre frere nous a souvent promis, mais au diable, s'il a jamais rien fait pour nous : au lieu que vous avez la réputation d'être un Genie de parole & d'honneur.

MUTALIB.

Vous serez content, si je le suis de vous.... Mais ces nuages commencent à se dissiper, ces murs s'ébranlent....

ARLEQUIN *avec effroi.*

Qu'est-ce que cela nous annonce ?

MUTALIB.

Cette Tour s'écroulera, les différentes personnes que mon frere y tenoit enchantées, reprendront leur figure naturelle à l'inftant que ma Niéce avouera à fon Amant qu'il eft aimé ; apparemment que la crainte & la pudeur difputent encore dans fon cœur le terrain à l'Amour.

ARLEQUIN.

Ah ! l'Amour ne tardera pas à l'emporter....? Voyez, voyez.... Ma foi, la Pudeur ne bat plus que d'un aîle.... La Tour s'en va au diable....L'y voilà.

Les nuages achevent de fe diffiper , la Tour s'écroule ; on voit Zermés aux genoux de Floriffe lui baifant la main ; les différentes perfonnes qui étoient enchantées dans les Jardins de ce Château , s'affemblent & forment des danfes.

Fin du Premier Acte.

ACTE II.

Le Théâtre représente des Jardins.

SCENE PREMIERE.

MUTALIB *sous sa figure naturelle*,
ARLEQUIN.

ARLEQUIN.

EH bien, avez-vous vû votre frere & votre
sœur ?

MUTALIB.

Invisible à leurs yeux, j'ai eu le plaisir de les con-
templer tout à mon aise.

ARLEQUIN.

Sont-ils réellement bien laids, bien changés ?
Ont-ils l'air bien vieux, bien décrépit ?

MUTALIB.

Je t'en reponds.

ARLEQUIN.

Ne vous ont-ils point fait pitié ?

MUTALIB.

Tien, j'ai le cœur bon, & si ma sœur avoit été

simplement de ces femmes galantes, dont l'ame tendre a besoin d'être toujours occupée., je la plaindrois ; mais une Coquette, foible sans être sensible, toujours en intrigue sans avoir peut-être jamais aimé, fourbe, fausse, envieuse, dénigrant ses Amies, déchirant ses Amans , dans le tems même qu'ils l'avoient, étalant partout un maintien indécent, étourdie pour paroître brillante , ou bien affectant de traîner ses paroles pour se donner des airs de mignardise & de nonchalance. . . . . . . Ah, fi , fi ! je n'en ai pas plus de pitié que de son frere, qui a été le beau modéle sur lequel se sont formés tous ces petits Fats , dont ont est , & dont on sera peut-être à jamais infecté successivement chaque année dans la Société.

ARLEQUIN.

Il est sûr que c'est une importune & maudite race.

MUTALIB.

Lorsqu'il entra dans le monde , sentant la nécessité de plaire aux femmes pour se mettre à la mode, il déguisa d'abord son caractére impérieux ; il parut doux , poli. Cinq ou six Fées qui commençoient à être sur le retour , postulerent son éducation : A peine deux ou trois Avantures d'éclat, l'eurent-elles mis en réputation, qu'il ne se contraignit plus ; toute l'impertinence de son caractére se développa ; marchant dédaigneusement, se pavanant, composant ses graces, affectant l'air malin , le ton ricanneur, parlant toujours, n'écoutant jamais, décidant sur tout . . . . Croirois-tu que son audacieuse fatuité en imposa , lui réussit ? Ses vices, ses ridicules, ses travers passerent pour des graces, pour des agrémens ; son discours entortillé pour le bon

ton ; chaque jour quelque nouvelle perfidie accré-
ditoit de plus en plus ce Héros charmant ; hautain,
infolent, fans égards, fans ménagement pour les
femmes, il en étoit courû ; il étoit né, difoit-il,
pour les fubjuguer; mais, ma foi, il n'en fubjuguera
plus . . . . . Il ne tardera pas fans doute à venir
dans ces lieux pour fe vanger de fa fille. . . . .

ARLEQUIN.

Comment de fa fille ? Je croyois qu'il ne pouvoit
plus rien contre elle ?

MUTALIB.

Il eft fûr, que par l'Arrêt prononcé contre mon
frere & ma fœur,il ne leur eft pas permis d'ufer de
violence pour féparer leurs enfans;mais la maligni-
té a tant de reffources ! Elle infpire tant de rufes, de
ftratagêmes! J'ai confeillé à mon Neveu de fe tenir
caché pendant le refte du jour ; j'ai auffi quelques
avis à donner à ma Niéce. Tandis que je vais lui
parler, attends moi ici, & examine bien tout ce
qui fe paffera.

Il fort.

SCENE II.

ARLEQUIN *feul.*

CE Genie eft bon-homme, mais je le crois un
peu bête;je le fervirai d'inclination contre fon
frere & fa fœur; cependant toujours de façon à ne
me pas expofer : fi j'aime les bonnes gens, je crains
encore plus ceux qui ne le font pas. . . . .
Mais que vois-je . . . . Seroit-il poffible . . .

B iiij

SCENE III.

ARLEQUIN, CORALINE.

ARLEQUIN.

Coraline!

CORALINE.

Oui, c'est moi.

ARLEQUIN.

C'est toi! Mia-Cara-Coralina! hé, d'où viens-tu, ma chere Enfant?

CORALINE.

J'étois au nombre des personnes que le Genie tenoit enchantées dans ces Jardins; il y a quelque tems qu'il vint voir sa Fille; je lui reprochai la prison où il la tenoit enfermée, il se fâcha contre moi,......

ARLEQUIN.

Je te croyois morte; que je t'ai pleuré! la chere Coraline, disois-je, du moins, si j'en avois auparavant fait ma femme! hélas, peut-être est-elle morte fille!

CORALINE.

Qu'appelles-tu, peut-être?

SCENE IV.

ARLEQUIN, CORALINE, SCAPIN *au fond du Théâtre.*

ARLEQUIN *voulant caresser Coraline.*

Mais, n'est-ce point ton ombre ?

CORALINE.

Finis.

ARLEQUIN *continuant de la caresser.*

Ma chere Enfant, laisse-moi m'assurer que tu n'es point morte ; (*Elle lui donne un soufflet*) oh, parbleu, tu-es bien vivante.......Dis-moi, je m'imagine qu'être enchantée, c'est comme si l'on dormoit. Faisois-tu de jolis songes ?

CORALINE.

Je ne pensois à rien.

ARLEQUIN.

Voilà comme vous dites toujours, vous autres filles ; ne révois-tu point quelquefois que je t'épousois ?

CORALINE.

J'aurois plûtôt rêvé à Scapin, à qui je suis promise.

ARLEQUIN.

En vérité, une personne qui a eu l'honneur d'être enchantée comme une Princesse, peut-elle encore penser à un Scapin ?

SCAPIN *s'approchant.*

Qu'appelles-tu, un Scapin ?

ARLEQUIN.

Ah, te voilà, mon Ami ?

SCAPIN.

Un Scapin ?

ARLEQUIN.

Sans doute un Scapin, un Scapin. N'est-tu pas un Scapin ? Si tu ne l'étois pas, qui diable voudroit l'être ?

SCAPIN.

Ecoute, j'ai retrouvé Coraline ;

ARLEQUIN.

Et moi aussi, comme tu vois.

SCAPIN.

N'ayons point de querelles ensemble :

ARLEQUIN *d'un ton suffisant.*

Qu'appellez-vous donc, point de querelles en-semble, Monce Scapin, Monce Scapin ?

SCAPIN.

Elle est presque ma femme.

ARLEQUIN.

Quand elle le seroit tout-à-fait ?

SCAPIN.

Tu sçais que je ne suis pas patient ?

ARLEQUIN *le morguant d'un ton fier ;*

Que feras-tu ?

SCAPIN.

Si je te retrouve avec Coraline ?

ARLEQUIN.

Eh bien !

SCAPIN.

Je prendrai un bâton . . . .

ARLEQUIN.

Un bâton ? Voyons, voyons un peu. . . . ?

SCAPIN.

Je t'en donnerai cent coups . . . . ?

ARLEQUIN *toujours fierement.*

Toi ?

SCAPIN.

Oui, moi, moi, moi.

ARLEQUIN *se radouciffant.*

Eh bien, tant mieux, je les recevrai ; enfuite j'irai retrouver Coraline ; charmante Coraline, lui dirai-je, Scapin vient de me donner cent coups de bâton ; il m'en a promis autant toutes les fois que je vous parlerois ; mais dût-il m'en donner cent mille, je ne puis ceffer de vous aimer. Voilà le bâton, frappez vous-même ;... Coraline eft bonne, pitoyable, compatiffante, le bâton lui tombera des mains, elle me regardera, elle foupirera.....

SCAPIN *avec rage.*

Ah, le cocquin !

ARLEQUIN.

Il n'y a point de cocquin là dedans, Monfieur Scapin, voilà comme on penfe quand on aime !

SCENE V.

ARLEQUIN, SCAPIN, CORALINE, ZERME'S.

ZERME'S.

MOn cher Arlequin, mon cher Scapin, mon Oncle, m'a dit tantôt que je pouvois avoir toute confiance en vous ; où eft-il ? Je voudrois lui parler.

ARLEQUIN.

Je l'attends ici ; il ne tardera pas à revenir ; mais permettez-moi de vous dire que vous avez tort de vous montrer.

ZERME'S.

Hélas !

ARLEQUIN.

Il vous avoit recommandé de vous tenir caché:

ZERME'S.

Je ne puis vivre sans voir ma chere Florisse!
Coraline, où est-elle ?

ARLEQUIN.

En vérité, Monsieur, par votre amoureuse im-
patience, vous vous exposez à vous perdre , à la
perdre elle-même, & à nous perdre tous.........

SCENE VI.

ZERME'S, CORALINE, ARLEQUIN; SCAPIN, LA FE'E.

LA FE'E *au fond du Théâtre.*

VOILA mon indigne Fils!

ARLEQUIN *à Zermés.*

Si votre Mere venoit, si elle vous trouvoit, irritée comme elle l'est, vous passeriez, je crois, fort
mal votre tems.

ZERME'S.

Hé , pourquoi est-elle irritée ? Ne faut-il pas être
la plus injuste de toutes les femmes , une marâtre....;

LA FE'E *au fond du Théâtre.*

Comme parle de moi ce Fils respectueux?

SCAPIN *à Arlequin.*

Je crois qu'il n'y a rien à craindre; devenue laide
& hideuse, elle se tiendra cachée & n'osera se
montrer.....

LA FE'E *saisissant Scapin avec fureur.*

Laide & hideuse ?

Coraline s'enfuit en jettant un cri de frayeur ;
Arlequin reste un moment tout tremblant &
s'échappe ensuite.

SCAPIN *tout tremblant.*

Madame... Excusez... C'est qu'on m'avoit dit...
Mais je vois qu'on avoit tort... & vous voilà toute
aussi jeune, toute aussi fraîche, toute aussi belle....

Il veut s'enfuir.

LA FE'E *le poursuivant jusqu'à l'entrée de la Coulisse ;*
& le frappant de sa baguette, il paroît en
Buste sur un Piédestal.

Tu ne m'échapperas pas....

Elle poursuit son Fils, & revient ensuite
sur le Théâtre.

Ni toi non plus.

SCENE VII.

LA FE'E *seule.*

CE n'est qu'un commencement de vangeance ;
ce n'est qu'un foible essai des fureurs dont mon
ame est agitée contre ces coupables Amans; malheureuse ! quel changement affreux ! en quel état me
vois-je reduite !... J'attends Zulphin ; il m'a fait dire
de me rendre dans ces lieux pour consulter ensemble s'il n'y a point de reméde à nos maux ; .... Peut-
étre est-il dans ces bois ? Voyons : les endroits les
plus solitaires & les plus sombres ne sçauroient
l'être desormais assez pour nous deux !

Elle sort.

SCENE VIII.

MUTALIB *seul.* (SCAPIN *en Buſte au bord de la Couliſſe.*)

ELLE s'éloigne, l'indigne Mégere ! mais auſſi quelle imprudence a ſon Fils de ſe montrer ! ſon impatient amour l'a emporté ſur mes conſeils ; il a voulu revoir ſa Maîtreſſe....

SCENE IX.

MUTALIB , ARLEQUIN , SCAPIN *en Buſte au bord de la Couliſſe.*

ARLEQUIN *arrivant en faiſant de grands éclats de rire;*

HA! ha! ha!

MUTALIB;

Je crois que tu ris?

ARLEQUIN.

Ma foi , c'eſt après avoir eu grand-peur;

MUTALIB.

Sçais-tu ce qui eſt arrivé à mon Neveu?

ARLEQUIN.

Comment , ſi je le ſçais? c'eſt ce qui me fait rire.

MUTALIB.

Malheureux , tu mériterois.....

ARLEQUIN.

Tapi derriere un arbre ; je n'étois qu'à dix pas ,

lorfque fa Mere l'a pourfuivi, & le touchant de fa baguette, l'a métamorphofé ; c'est à préfent le plus beau Matou !.... Mais en perdant fa figure, il n'a pas perdu fon amour ; il a couru tout de fuite dans le Jardin où Mademoifelle Floriffe étoit affife ; il s'est placé devant elle ; elle a toujours aimé les chats, & il la regardoit fi tendrement qu'elle s'est baiffée pour le flatter de la main ; il a hauffé le dos avec un miaulis fi doux, fi tendre, fi délicat qu'elle l'a pris fur fes genoux avec une efpece de tranfport. Il a le corps noir, toute la tête blanche, & le petit bout de la queue ; de beaux grands yeux à fleur de tête, les oreilles bien placées ; une gueulle petite, agréable & façonnée. Vous pouvez vous vanter d'avoir dans ce Neveu là une des plus jolies bêtes qu'on puiffe voïr.

MUTABIL.

As-tu dit à ma Niéce que c'étoit fon Amant ?

ARLEQUIN.

Non, j'ai penfé que fi elle le fçavoit, peut-être lui retrancheroit - elle bien de petites privautés, bien de petits agrémens dont le pauvre Minet fera bien-aife de profiter, jufqu'à ce que vous lui rendiez fa Figure.

MUTALIB.

Cela n'est pas en mon pouvoir ; mais je fuis fûr que ma fœur, qui s'est laiffée d'abord emporter à un premier mouvement de fureur, refléchira bientôt qu'elle a agi contre l'Arrêt des Fées, & qu'elle ne tardera pas à la lui rendre.

ARLEQUIN *appercevant la tête de Scapin au bord de la couliffe.*

Que diable !... Me trompai-je ?.... Non, ma foi... c'est la tête de Scapin !

MUTALIB.

Oui , & un autre trait de la méchanceté de ma sœur.

ARLEQUIN.

Comment! le voilà en Buste comme un Empereur Romain ! cette métamorphose est trop honorable pour un faquin comme lui.

MUTALIB *tandis qu'Arlequin remue la tête de Scapin ; & la fait aller comme celle d'une Pagode.*

Je ne puis pas rompre entierement l'enchantement de ce pauvre garçon, mais je puis du moins lui rendre l'usage du sentiment & de la parole.

(Il le touche de sa baguette.)

SCAPIN *ouvrant les yeux avec beaucoup de grimaces & de contorsions , & s'avançant sur le Théâtre.*

Ah ! Seigneur Mutalib, ayez pitié de l'état où vous me voyez.

MUTALIB.

Mon cher Scapin , il m'est impossible à présent d'en faire d'avantage pour toi.

SCAPIN.

Quoi , je resterai comme je suis ?

MUTALIB.

Il faut t'armer de patience.

ARLEQUIN.

Parbleu , sauf le respect que je vous dois, n'en pouvant pas faire d'avantage pour lui, il valloit mieux le laisser tout-à-fait statue, & ne lui pas rendre le sentiment ; s'il a faim à présent, comment voulez-vous qu'il s'y prenne pour manger & se nourrir ?

MUTALIB.

Pour manger & se nourrir ? Voilà bien la premiere réflexion d'un gourmand comme toi ; mais dans

dans le fond tu as raison ; (*il tire un petit bâton de sa poche*) prens ce petit bâton de simpathie, toutes les fois qu'en buvant & en mangeant, tu le toucheras de ce petit bâton, en disant, Scapin, je bois pour toi, Scapin, je mange pour toi, ce sera comme s'il buvoit & mangeoit lui-même.

ARLEQUIN.

Cela appaisera sa faim, sa soif? il aura le même plaisir?

MUTALIB.

Oui, & si tu en doutes, tu peux l'éprouver....

Mutalib frappe du pied, & de dessous le Théâtre sort un panier où il y a du pain, du vin, des verres, de l'eau, des serviettes, &c.

Tandis que je vais dans ce bois tâcher d'observer les discours & les démarches de mon frere & de ma sœur, qui s'y sont donné rendez-vous pour consulter ensemble s'il n'y auroit point quelque reméde à leur malheureuse situation.   *Il sort.*

SCENE X.

ARLEQUIN, SCAPIN.

SCAPIN.

JE suis bien à plaindre, mon cher Arlequin!

ARLEQUIN.

Mais, non, puisqu'avec ce petit bâton de simpathie, je puis pourvoir à tous tes besoins. Voyons, as-tu appetit?

SCAPIN.

Tu sçais que je n'ai pas mangé de la journée.

C

ARLEQUIN.

Le pauvre garçon ! (*Il lui attache une serviette, le tou-*
che du petit bâton, coupe un morceau & mange.)
C'eſt pour Scapin que je mange.... Trouves-tu
cela bon ?

SCAPIN.

Fort bon.

ARLEQUIN *lui eſſuyant la bouche avec la ſerviette.*

Cela eſt fort ſingulier ! fort ſingulier ! j'aurois crû
l'avoir mangé. (*Il verſe du vin dans un verre & boit.*)
Et ce vin ?

SCAPIN.

Excellent ; encore un coup.

ARLEQUIN *verſe & boit.*

Volontiers.

ARLEQUIN *lui eſſuyant encore la bouche.*

Tu vois que je ſuis poli ; je t'ai ſervi le premier....
Mais, Monce Scapin, vous ſouvenez-vous de cer-
taines menaces de coups de bâton....

SCAPIN.

Oh ! ne parlons point de cela, mon Ami;

ARLEQUIN.

Je veux en parler.

SCAPIN.

J'ai eu tort.

ARLEQUIN.

Vous dites que vous avez eu tort, parce que vous
voyez que votre eſtomac eſt à préſent à ma diſcré-
tion.... inſulter de la ſorte un homme comme moi!
cela mérite punition ; cela mérite punition, & je
vous condamne au pain & à l'eau pendant huit
jours.

SCAPIN.

Quoi, Arlequin, tu ſerois capable...;

ARLEQUIN *verse de l'eau dans un grand verre & y trempe un morceau de pain.*

C'est pour Scapin que je bois, (*après avoir bû*) cette eau est-elle fraîche ? … & ce pain trempé ? Tu es naturellement yvrogne, gourmand ; un peu de diette ne te fera point de mal. Regarde-moi manger à présent pour mon compte.

Il s'assied à terre, boit & mange avec un grand appetit.

SCAPIN.

Est-il possible qu'Arlequin, que j'ai toujours connu pour un garçon généreux, un bon cœur, en agisse avec cette cruauté à l'égard d'un ancien Ami ? si j'étois à ta place, & que tu fusses à la mienne, je ne me mettrois à table que pour toi, je ne boirois que pour t'enyvrer ; tu devrois mourir de honte !

ARLEQUIN.

Va, tu me fais pitié ; bois un coup à ma santé ; c'est pour Scapin que je bois.

Il verse un verre de vin & boit.

SCAPIN.

'A ta santé, mon Ami.

ARLEQUIN *après avoir bû,*

Je te remercie.

SCENE XI.

ARLEQUIN, SCAPIN, CORALINE.

CORALINE.

AH ! mon cher Scapin, qu'est-ce que Mutalib vient de m'apprendre ! seroit-il possible ! hélas, il n'est que trop vrai !

SCAPIN.

Tu vois, ma chere Coraline, je n'ai plus ni bras, ni jambes.

CORALINE.

Mon cher Scapin! mon cher mari!

SCAPIN.

Epargne-toi ces caresses, ma chere Enfant; c'est comme si tu embrassois un marbre.

ARLEQUIN à *Coraline.*

Cela est vrai; c'est à moi à présent qu'il faut faire des amitiés pour qu'il s'en ressente; je bois & je mange pour lui; ne t'afflige point, tu n'y perdras pas; je veux aussi dès ce soir t'épouser pour lui.

SCAPIN.

Je suis ton serviteur.

ARLEQUIN.

C'est moi qui suis le tien; je l'épouserai, te dis-je, pour toi. (*Il prend la main de Coraline.*) Belle petite menotte, c'est pour Scapin, c'est pour Scapin que je vous baise.

SCAPIN.

Ne badinons point je te prie.

ARLEQUIN à *Scapin.*

Tu auras bien du plaisir, je t'en reponds.

SCAPIN.

Tu es trop serviable; Coraline, viens de mon côté; éloigne-toi de lui; ne souffre pas qu'il t'approche.

ARLEQUIN.

Oh, tu le prens sur ce ton là? Eh bien, cela suffit; je ne suis pas obligé de me donner la peine de mâcher, d'avaler pour toi; je t'assure que tu feras diette.

SCAPIN.

Mais, malheureux, peux-tu vouloir abuser de
ma triste situation !

ARLEQUIN

C'est toi qui abuses de mes bontés.

SCAPIN.

Fais donc réflexion.....

ARLEQUIN.

Et toi, fais diette ; nous verrons comment ton
pauvre estomac s'accommodera de tout ceci.

SCAPIN.

Est-il possible que je sois à la merci d'un barbare...

ARLEQUIN.

Est-il possible que j'appartienne à un vilain ja-
loux, dira ton estomac.....

SCENE XII.

ARLEQUIN, SCAPIN, CORALINE, MUTALIB.

MUTALIB.

HE', malheureux, éloignez-vous, éloignez-
vous vîte ; mon frere & ma sœur esperent,
qu'en évoquant les Puissances infernales, ils trouve-
ront quelque reméde à leur situation ; ils vont arriver dans cet endroit ; ils l'ont choisi pour faire leurs
détestables sortiléges & leurs conjurations.....

On voit plusieurs éclairs suivis d'un grand
coup de tonnerre.

ARLEQUIN *s'enfuyant.*

Je suis mort !

SCAPIN *s'en allant, appuyé par Coraline.*

Ma chere Coraline, aide-moi & ne m'abandonne pas.

C iij

SCENE XIII.

LA FÉE, ZULPHIN.

Les vents grondent ; on entend des mugiſſemens & des ſecouſſes ſouteraines ; le Théâtre s'obſcurcit entierement & devient une caverne ; deux globes de feu ſe précipitent du ceintre avec la plus grande vîteſſe, traverſent le Théâtre, l'un de droite à gauche, l'autre de gauche à droite, & vont tomber dans les couliſſes oppoſées: la Fée & le Génie qui étoient dans ces globes, s'avancent ; ils font pluſieurs cercles en l'air avec leurs baguettes. L'Orcheſtre forme un accompagnement ſourd, dont les mouvemens deviennent peu à peu plus preſſés ; tout d'un coup cette Muſique s'interrompt & ne forme plus que de moment à autre quelques accens lugubres & plaintifs ; différens Spectres paroiſſent ; l'Orcheſtre recommence ſon accompagnement avec des mouvemens plus vifs. Quatre dé-mons ſortent de deſſous le Théâtre, & forment une danſe : on entend encore le tonnerre ; une vapeur épaiſſe s'éleve, & lorſqu'elle ſe diſſipe, on voit une horrible Furie qui prononce ces paroles :

Vous m'évoquez en vain du ſéjour ténébreux ;
Rien ne ſçauroit changer votre Arrêt rigoureux.

Elle s'abime. Le Génie & la Fée s'en vont en marquant par leurs geſtes leur déſeſpoir.

Fin du Second Acte.

ACTE III.

Le Théâtre représente une Forêt.

SCENE PREMIERE.

MUTALIB, ARLEQUIN *descendans d'un nuage.*

ARLEQUIN.

Nous sommes venus bon train; combien avons-nous fait de chemin à peu près?

MUTALIB.

Deux cens lieues.

ARLEQUIN

Deux cens lieues ! il n'y a pas un quart-d'heure que nous sommes partis ; je me plairois beaucoup à voyager de même ; on n'est ni écorché, ni cahotté, ni obligé de rosser les Postillons. Allons , dites-moi donc à présent ce que nous venons faire ici.

MUTALIB.

Je viens y consulter un Oracle fameux , & en même-tems épier les mauvais desseins de mon frere

C iiij

& de ma sœur ; j'ai dit à Scapin d'observer au coin du bois ; toi, reste ici, tandis. ...

ARLEQUIN.

Mais, tandis que vous irez d'un côté, si votre sœur vient de l'autre & me rencontre ? Elle a bien voulu rendre à Scapin sa figure, mais elle lui a dit que si à l'avenir elle soupçonnoit que nous fussions lui & moi dans les intérêts de son Fils, elle nous puniroit de façon que nous nous en souviendrions toute notre vie.

MUTALIB.

Prens cette bague ; en la mettant au petit doigt de la main gauche tu paroîtras aux yeux de quiconque te regardera ce que tu voudras être, arbre, rocher, ruisseau, animal, homme, femme, en un mot ce que bon te semblera. D'ailleurs, je ne serai pas long-tems à revenir.

Il sort.

SCENE II.

ARLEQUIN *seul.*

QUE de filles, qui, sans avoir cette bague, paroissent ce qu'elles ne sont plus depuis long-tems ! que de coquins, qui, sans l'avoir au doigt paroissent d'honnêtes gens !

SCENE III.

ARLEQUIN, UN BERGER.

LE BERGER *chante derriere le Théâtre.*

EN vain une Mere févére,
  Veille fur ma Bergere. ... :

ARLEQUIN.

J'entends chanter .... Ah ! c'eft un Berger.

LE BERGER *arrivant fur le Théâtre.*

Elle m'a promis qu'en ces lieux,
Elle viendroit combler mes vœux.

ARLEQUIN *à part.*

Il attend fa Maîtreffe ; éprouvons la vertu de la bague. Voyons, qu'eft-ce que je veux paroître à fes yeux ?... Un arbre ?... Oui , un arbre ; mais où le planterai-je ?... ici.

Il fe met au milieu du Théâtre & s'y tient droit.

LE BERGER *continue de chanter.*

Efpoir délicieux ,
De poffeder l'objet que j'aime ;
Tu me fais , dans l'attente même ;
Gouter mille momens heureux.

Ma chere Zerbinette , enfin après tant de foins, de peines & de foupirs, j'obtiendrai la récompenfe

dûe à mon amour !.... Aſſeyons-nous ſous cet arbre, d'où je pourrai la voir venir.

S'aſſeyant aux pieds d'Arlequin.

J'irai au devant d'elle ; je tâcherai de la conduire
dans le petit bocage ; il y fait ſombre ; quelquefois
le trop grand jour effraye les amours....

Arlequin ſe baiſſe & lui ſouffle aux oreilles.

Il fait bien du vent dans cet endroit.

*Il veut s'adoſſer. Arlequin ſe met à droite, à gauche, en-
ſuite ſe recule de deux pas, enſorte qu'il tombe à la renverſe ; il
ſe leve en regardant Arlequin qui lui paroît toujours un arbre.*

Qu'eſt-ce donc ? Il ſemble que cet arbre recule...
En attendant, ma chere Zerbinette, amuſons-nous
à y graver ſon nom & le mien.

Il va à l'autre bord du Théâtre cherchant ſon couteau.

ARLEQUIN.

Oui da, il graveroit ſur ma phiſionomie comme
ſur une écorce ? Allons, ma bague, changeons de
figure, ſa Maitreſſe eſt Bergere, elle doit avoir des
moutons, paroiſſons le mouton favori de la Belle.

*Il va au fond du Théâtre, ſe met à quatre pattes
& commence à béeler.*

LE BERGER.

Ah ! je vois le mouton chéri de Zerbinette, tâchons de l'attrapper.

*Il court après Arlequin, qui, après bien des lazis, ſe
laiſſe enfin prendre ; il ſe couche à terre à côté de
lui, & le careſſe.*

Petit mouton, tu appartiens à la plus aimable
Bergere du canton ; elle badine avec toi ; elle te
careſſe ſans ceſſe ; elle te donne mille baiſers : ſi tu
pouvois en connoître le prix, que tu ſerois heureux !

*Arlequin s'échappe, ſort du Théâtre en béelant, &
le Berger le ſuit.*

Quoi, tu veux t'enfuir ? Oh, je te rattrapperai.

___

SCENE IV.

SCAPIN *seul.*

LA Fée m'a pardonné & m'a rendu ma figure ; mais elle m'a fait de si grandes menaces que je ne veux plus me mêler entre elle & son fils.

ARLEQUIN *arrive en riant.*

Avec la bague je me suis rendu invisible ; le Berger est bien embarassé à me chercher dans le fond du bois ; il croit peut-être à présent que le loup m'a emporté.... Mais, voilà Scapin. Allons, ma bague, divertissons-nous un peu à ses dépens.

Il s'approche de Scapin en béelant ; Scapin regarde d'un côté, il se met de l'autre & aboye comme un gros chien ; Scapin se retourne, il change de place & contrefait le chat ; il se place derriere lui & contrefait le chant du cocq, & ensuite le brayement de l'âne & le coucou.

En voilà assez, ôtons ma bague, (*à Scapin*) que diable as-tu donc tant à te remuer & t'agiter ?

SCAPIN.

Je suis entouré de bêtes qui disparoissent dès que je regarde.

ARLEQUIN.

De toutes ces bêtes-là, il n'y en a point d'aussi grosses que toi ; que crains-tu ?

SCAPIN.

Morbleu, mon Ami, je tremble à chaque pas, il me semble voir à tout moment la Fée changer ma figure... Où est le Seigneur Mutalib ?

ARLEQUIN.

Il ne tardera pas à revenir ; c'eſt ici qu'il doit conſulter ſur le ſort de ſon Neveu & de ſa Niéce un Oracle fameux, qui lit, dit-on, tout couramment dans le livre du deſtin.

SCAPIN.

Qu'eſt-ce que ce livre du deſtin ?

ARLEQUIN.

C'eſt un fort bon livre, fort curieux, où ſont inſcrits les noms, & ce qui doit arriver à tous les hommes.

SCAPIN.

A tous les hommes ?

ARLEQUIN.

Oui, à tous ; depuis le plus grand Capitaine, juſqu'au... juſqu'au plus petit Abbé.

SCAPIN.

Crois-tu que mon nom ſoit ſur ce livre-là ?

ARLEQUIN.

Sans doute, les Faquins comme les honnêtes gens, tous y ſont... Scapin né tel jour... marié tel jour... cocu à telle heure... fera mille friponneries... finira par être pendu.

SCAPIN.

Tu mens, cela n'y eſt pas.

ARLEQUIN.

Je ne mens point, cela doit y être.

SCAPIN.

Coquin !

ARLEQUIN.

Maraut !

SCAPIN.

Tu ne te plais qu'à me dire des injures, à la fin....

SCENE V.

ARLEQUIN, SCAPIN, MUTALIB.

MUTALIB.

QU'est-ce donc ? Quoi, je ne puis pas vous laisser un moment ensemble que vous ne vous querelliez ?

ARLEQUIN.

Comment voulez-vous que je fasse avec un animal qui m'interroge, à qui je reponds les choses les plus naturelles, les plus vrayes, qui fait l'incrédule, & me dit que j'ai menti ?

MUTALIB.

Scapin, vous avez tort.

SCAPIN.

J'ai tort de ne pas croire que je serai cocu, pendu....

MUTALIB.

Finissons. Je ne m'étois pas trompé ; mon frere a fait transporter sa fille dans ces lieux.

ARLEQUIN.

Et a t'elle emporté le chat avec elle ? Le pauvre animal s'ennuyroit bien s'il ne la voyoit pas.

MUTALIB.

Il n'est plus question de cette métamorphose de mon neveu ; ma sœur lui a rendu sa figure ; quelle Maratre ! quel Père dénaturé ! Je viens de leur parler à l'un & à l'autre ; prieres, raisons, menaces, j'ai tout employé ; je n'ai pû les fléchir, je n'ai pû obtenir qu'ils détruisissent ce qu'ils ont imaginé pour se vanger de leurs enfans.

ARLEQUIN.

Hé, qu'ont-ils imaginé?

MUTALIB.

Ils ont fait venir un Gnome des plus hideux sans doute & des plus malfaisans ; ils lui ont donné la figure de Zermés ; la reſſemblance eſt ſi parfaite, que je n'ai jamais pû diſtinguer lequel eſt le véritable ; j'ai crû qu'en les faiſant parler, je le reconnoîtrois aiſément ; mais l'enchantement eſt fait de façon que lui & ſon ſemblable n'ont point l'uſage de la parole ; ce n'eſt que par leurs geſtes, leurs empreſſemens, leurs regards & leurs ſoupirs qu'ils expriment l'un & l'autre leur amour à Floriſſe ; je viens de les laiſſer à ſes genoux ; juge de la cruelle ſituation de ma Niéce.

ARLEQUIN.

Point ſi cruelle ; ſi j'avois une Maitreſſe que j'aimerois, & qu'on ne me fît point d'autre mal que de m'en donner encore une autre qui lui reſſembleroit, je ne m'affligerois pas.

MUTALIB.

Mais, malheureux....

ARLEQUIN.

Mais, Monſieur, tandis que ſon Pere la tenoit enfermée dans le château, elle ſe déſeſpéroit de n'avoir point d'Amant; à préſent il l'amene ici pour lui en donner deux, & elle ſe plaindroit encore? Ma foi, on pourroit dire que l'on ne ſçait plus comment faire pour contenter les filles.

MUTALIB.

Songe donc qu'il la force à choiſir dans le jour un des deux pour Epoux.

ARLEQUIN.

Oh, cela eſt différent ; diantre, ſi elle alloit ſe

tromper au choix & qu'elle se trouvât demain, en s'éveillant, mariée à un vilain Gnome, cela seroit fort désagréable !

On entend le chant d'un, de deux, & ensuite de trois oiseaux.

MUTALIB

C'est ici que le fameux Oracle des oiseaux rend ses réponses ; je veux le consulter. Divin interprète des destinées, je protége deux tendres Amans ; leurs parens les persécutent ; daigne m'éclaircir sur le sort que le Ciel reserve à leur amour.

Une voix chante.

Ces deux Amans, dont le sort t'inquiéte ;
Doivent se donner dans ce jour,
Une preuve parfaite
De leur fidelle amour.
Prépare le tombeau d'une Amante chérie ;
C'est-là qu'à son Amant elle doit être unie.

MUTALIB.

Au tombeau ! quel Oracle, grands Dieux !

ARLEQUIN.

Il est des plus tristes.

MUTALIB.

Quand je joins cette réponse au stratagême indigne dont mon frere & ma sœur se servent pour tourmenter leurs enfans, je ne prévois que trop que ma niéce, croyant choisir son Amant, choisira son Rival ; qu'au désespoir de s'être trompée, elle se donnera la mort ; que Zermés ne voudra pas lui survivre, & que voilà la preuve qu'ils doivent se donner du tendre & fidelle amour qui les unit.

ARLEQUIN.

Seigneur, j'ai toujours entendu dire que dans les réponses des Oracles, des Sibiles, des Bohémiens, des Devins, du Diable, il y avoit souvent un sens caché qui ne frappe pas d'abord ; à votre place, je m'attacherois uniquement à connoître lequel de ces deux Amans est le véritable....

MUTALIB.

L'enchantement, te dis-je, est fait de façon que cela ne me paroît pas possible ; cependant pour ne rien négliger, & n'avoir rien à me reprocher, je vais encore consulter une Fée de mes Amies & dont les conseils m'ont été utiles en d'autres occasions.... J'apperçois ma Niéce ; reste auprès d'elle, & si elle me demande, dis-lui que je ne tarderai pas à revenir.

SCENE VI.

FLORISSE, CORALINE, ZERME'S, LE GNOME, ARLEQUIN, SCAPIN.

FLORISSE *à Zermés & au Gnome.*

QUOI, vous vous obstinez à me suivre ! Ah ! laissez-moi, laissez-moi.

ARLEQUIN *les examinant tour à tour.*

Que diable... En effet.... plus je les considere.... rien n'est plus ressemblant.

FLORISSE.

Avoir mon Amant devant mes yeux, & douter toujours si c'est lui ! le trouver à chaque moment, & craindre sans cesse de me tromper, quel tourment !

ARLEQUIN.

ARLEQUIN *tirant Floriſſe & Coraline à part.*

Mademoiſelle, écoutez, écoutez-moi ; n'eſt il pas certain qu'un véritable Amant, lorſqu'il reçoit la moindre faveur de la Maitreſſe, doit reſſentir une émotion cent fois plus vive que celui qui n'eſt que légérement épris ?

FLORISSE.

Je le crois.

ARLEQUIN.

Or, cette émotion ſe peint dans les yeux ?

FLORISSE.

Aſſurément.

ARLEQUIN.

Eh bien, au lieu de vous affliger & de leur dire de vous laiſſer, il faut prendre un air gracieux, les accueillir.... FLORISSE.

Mais, ſonge donc qu'il y en a un des deux à qui je dois toute ma haine.

ARLEQUIN.

Mais vous ne le connoiſſez pas ; pour le connoître, il faut, vous dis-je, d'abord les accueillir également ; riſquer même des carreſſes, de petites faveurs ; examiner en même-tems leurs regards : il n'eſt pas douteux que celui qui vous paroîtra le plus ému, le plus ſaiſi, le plus pénétré, ne ſoit le véritable Amant.

CORALINE.

Mademoiſelle, je crois qu'il a raiſon.

ARLEQUIN.

Comment, ſi j'ai raiſon ?.... Aſſeyez-vous, aſſeyez-vous-là ; prenez une attitude tendre, nonchialante.

Il va chercher les deux Amans & leur fait ſigne de ſe mettre aux genoux de Floriſſe.

D

Examinez bien s'ils se jettent à vos genoux avec le même empressement, le même transport..... Regardez les à présent tendrement...Le plus tendrement que vous pourrez...Fort bien...Laissez leur prendre à chacun une main....Vous paroissent-ils la baiser avec la même ardeur?

FLORISSE.

Hélas, oui.

ARLEQUIN.

Dans les yeux de l'un, ne démélez-vous pas un dégré d'émotion plus marqué que dans les yeux de l'autre?

FLORISSE.

Hélas, non.

ARLEQUIN.

Hélas, oui, hélas, non, que diable, je ne sçais plus que vous dire.

SCENE VII.

FLORISSE, CORALINE, ZERME'S, LE GNOME, ARLEQUIN, SCAPIN, MUTALIB.

MUTALIB *aux deux Amans.*

J'Ai à parler en particulier à ma Niéce, éloignez vous ; (*à Scapin & à Arlequin*) & vous aussi.

ARLEQUIN.

Moi!

MUTALIB.

Oui, toi.

ARLEQUIN *en s'en allant avec Scapin & les deux Amans.*

Il a le ton bien rebarbatif! il y a quelque mauvaise nouvelle.

MUTALIB.

Coraline, tu peus refter.

MUTALIB.

Ma chere Floriffe, vous êtes encore bien plus à
plaindre que je ne croyois ; votre pere vous obli-
geoit de choifir dans ce jour un Epoux entre ces
deux Rivaux ; du moins aviez-vous la confolation
de penfer que votre Amant étoit un des deux, &
que je pourrois trouver quelque moyen qui vous
aideroit à les diftinguer ; on nous trompoit....

FLORISSE *avec émotion.*

Quoi...

MUTALIB.

Votre Amant, depuis ce matin, n'a point paru
devant vous.... Hélas !... & il n'y reparoîtra jamais ! FLORISSE *avec effroi.*

Il n'y reparoîtra jamais ?

MUTALIB.

Je me promenois dans ce bois ... des foupirs ...
une voix plaintive... votre nom que j'ai entendu
prononcer... FLORISSE.

Tout mon fang fe glace !...

MUTALIB.

J'ai aprproché... j'ai vû.... l'infortuné Zermés
baigné dans fon fang...

FLORISSE.

Mon Amant !....

MUTALIB

Le défefpoir de vous voir perduè pour lui, &
bientôt entre les bras d'un autre, la porté à atten-
ter fur fes jours. FLORISSE.

Il eft mort !... Dieux cruels !... Pere barbare !... il eft mort !...

MUTALIB *lui montrant un poignard.*

Ce fer a terminé fon malheureux fort. D ij

FLORISSE *lui arrachant le poignard & se frappant.*
Et va nous rejoindre.

CORALINE *effrayée & la soutenant.*
Ah! Madame, ah! Seigneur.

MUTALIB.

Ne crains rien ; le fer dont elle vient de se frapper ne peut être fatal qu'aux coupables & aux scélérats ; je la rappellerai aisément à la vie, lorsqu'il en sera temps ; la douleur que je viens de lui marquer étoit feinte.....

CORALINE.

Quoi, Zermés.

MUTALIB.

Zermés ne s'est point tué ; mon Art n'étant pas assez puissant pour m'aider à le distinguer de son prétendu Rival, j'ai eu recours à ce moyen extrême ; tu diras que je suis venu déclarer à ta Maitresse que je ne pouvois lui être d'aucun secours ; qu'alors la crainte de n'être point à ce qu'elle aime, & le désespoir de se voir peut-être unie à quelque monstre, lui ont fait prendre le parti violent de se soustraire à la tirannie de son Pere en se donnant la mort ; je vais lui faire rendre les honneurs funébres ; selon toute apparence, sa perte sera assez indifférente à ce Gnome, qu'on force à paroître ici sous la figure de mon Neveu, au lieu que ce tendre Amant se fera aisément reconnoître à toute la douleur, & le désespoir où se livrera son ame..... . Esprits Aëriens qui m'êtes subordonnés, paroissez.

Quatre Silphes paroissent & emportent Florisse au fond du Théâtre au milieu d'un rond d'arbres ; à l'instant un tombeau s'élève ; d'autres Silphes commencent le deüil, jettent des fleurs sur le tombeau, y attachent des guirlandes, & par différentes attitudes expriment leur douleur, & forment une danse caractérisée.

ACTE IV.

Le Théâtre est entierement obscurci, & représente un Tombeau au fond d'un bois, au milieu d'un rond d'arbres.

SCENE PREMIERE.

MUTALIB, CORALINE.

CORALINE.

JE ne conçois pas votre idée ; il me semble que le moyen que vous avez employé pour découvrir lequel des deux étoit le véritable Amant, vous a réussi ?

MUTALIB.

Je sçais qu'au récit que tu leur as fait de la mort de Florisse, l'un n'a paru qu'étonné, au lieu que l'autre, saisi de la plus vive douleur, est tombé sans sentiment....

CORALINE.

Eh bien, pouvez-vous douter que celui-là ne soit Zermés ?

MUTALIB.

Non.

CORALINE.

Pourquoi donc ne le pas tirer d'erreur? Pourquoi ne lui pas dire qu'il reverra bientôt sa Maîtresse vivante? Il y a de la barbarie à le laisser dans un état si cruel!

MUTALIB.

Ce n'est pas à moi, c'est à l'Amour & à l'Amour le plus parfait que puissent ressentir deux Amans, à faire le dénouement de tout ceci ; tel est l'Arrêt du destin ; je ne dois qu'ouvrir ce tombeau. Approchons.

Il approche du Tombeau, qui s'ouvre lorsqu'il l'a touché de sa baguette.

Elle ne tardera pas à sortir de son assoupissement ; tu peus, si tu veux, rester ici, mais garde toi bien de parler, quelque chose que tu voyes, ou que tu entendes.

CORALINE *avec effroi.*

Moi, rester ici seule la nuit, au milieu de tous ces objets funébres ! je mourrois de peur !

MUTALIB.

Eh bien, suis moi donc.

Ils sortent.

SCENE II.

ARLEQUIN *seul, arrivant en tatonnant comme un homme qui marche dans l'obscurité.*

VOILA Mademoiselle Florisse morte ; son Amant sera peut-être aussi la sotise de se tuer ; le Seigneur Mutalib, qui doit être bien affligé de tout ceci m'oubliera, & toutes les promesses de récompense qu'il m'a faites ; tâchons de nous payer par nos mains: qu'est-ce qu'une morte a besoin d'un beau collier ? Ce vol n'est point un vol; il ne fait tort à personne, au lieu qu'il me mettra à mon aise pour le reste de mes jours... Allons, avançons.

SCENE III.

ARLEQUIN, SCAPIN.

SCAPIN *arrivant d'un autre côté.*

LA nuit des plus obscures favorise mon dessein... Orientons-nous... le Tombeau doit être-là.
ARLEQUIN *à l'autre bout du Théâtre.*
Je ne suis pas dans l'habitude de faire des visites aux gens de l'autre monde, je me sens un frisson-nement...
SCAPIN.
N'entends-je pas du bruit ?
Ils s'approchent l'un de l'autre en tatonnant ; la frayeur les saisit, & ils l'expriment par différentes postures des plus comiques.

D iiij

ARLEQUIN.

Je crois avoir touché des cornes...

SCAPIN.

Il me semble que j'ai senti sur mon visage une main froide....

Ils continuent leurs lazzis ; peu à peu la Lune se leve, & le Théâtre commence à être plus éclairé, mais toujours d'une clarté sombre.

ARLEQUIN.

La Lune se leve, je vais être vû.

SCAPIN.

Il fera clair en un moment, je ne sçais où me cacher.

ARLEQUIN.

Il faut me tapir dans ce coin.

SCAPIN.

Je vais me cacher dans cet endroit.

Ils se mettent aux deux coins du Théâtre, où ils se font les plus petits qu'ils peuvent ; après s'être regardé d'abord en tremblant, ils se rassurent peu à peu & s'approchent.

ARLEQUIN.

C'est toi, Scapin !

SCAPIN.

C'est toi, Arlequin !

ARLEQUIN.

Que viens-tu faire ici ?

SCAPIN.

Qu'y viens-tu faire toi-même ?

ARLEQUIN.

Coquin, briguand, scélérat, je suis sûr que tu venois voler le beau collier de Mademoiselle Florisse.

SCAPIN.

SCAPIN.

Maraut, fripon, vaurien, tu as trop bien deviné
mon deſſein pour n'avoir pas eu le même.

ARLEQUIN.

Ma foi, mon Ami, tu as raiſon.

SCAPIN.

Allons, entre honnêtes gens, il ne convient pas
de ſe faire tort, viens, nous partagerons ce que
nous trouverons.

Ils avancent vers le Tombeau au moment que Floriſſe en
ſort ; la plus grande frayeur les ſaiſit ; ils s'enfuyent.

SCENE IV.

FLORISSE *ſeule.*

OU ſuis-je!...D'où viens-je!...il me ſemble que je m'éveille après un long aſſoupiſſe-
ment...Mais, ce Tombeau, ces vêtemens, cette
nuit profonde, ce ſilence, ces lieux deſerts qui me
ſont inconnus....Me laiſſeroit-on ainſi, ſi je n'é-
tois pas morte ?...N'ai-je pas plongé dans mon
ſein le même poignard dont mon Amant s'étoit
frappé ?...Non, cher Amant, non, je me ſens
trop tranquille pour être encore vivante, je t'ai
ſuivi ; nous ſommes à préſent affranchis l'un &
l'autre de la tirannie de nos barbares parens ; nous
ne dépendons plus que des Dieux ; ils ſont trop
juſtes pour ne me pas faire rencontrer ton ombre...
C'eſt Mutalib ſans doute qui m'a élevé ce Tombeau ; le tien ne doit pas être éloigné : hélas, ne
devoit-il pas nous donner le même ! après avoir

E

marqué tant d'empreſſement pour nous unir pendant notre vie, ne devoit-il pas du moins nous rejoindre après notre mort !... Voyons, parcourons
ces lieux.   *Elle s'éloigne.*

SCENE V.

ZERME'S *ſeul*.

VOILA donc ce Tombeau ! je puis enfin en
approcher ! je puis avant d'y verſer tout mon
ſang, l'arroſer quelques momens de mes larmes !...
Chere Floriſſe, eſt-ce donc là le rendez-vous que
c'étoit donné notre amour ! eſt-ce donc là que de-
voit aboutir notre eſpoir ! qui m'eût dit ce matin,
lorſqu'à vos genoux, je vous preſſois de recevoir
& mon cœur & ma foi, que je viendrois ce ſoir
m'unir à vous au pied de ce triſte monument ! qui
m'eût dit que ces traits où brilloit tout l'éclat de la
jeuneſſe, que ces yeux dont chaque regard m'en-
chantoit, alloit être pour jamais couverts des om-
bres de la mort !... Vous n'êtes plus ; & je reſpire
encore !

SCENE VI.

ZERME'S, FLORISSE *paroiſſant au fond du Théâtre & avançant lentement.*

FLORISSE.

J'ENTENS des plaintes & des gémiſſemens;
ZERME'S.

Vous n'êtes plus !... Puis-je prononcer ces mots
& ne pas expirer de douleur !

FLORISSE.
C'eſt lui même ! . . . C'eſt toi, cher Amant. . . .

ZERME'S effrayé.
Que vois-je, ô Ciel !

FLORISSE.
Quoi, tu me fuis ? tu te dérobes à mes embraſſe-mens ?

ZERME'S.
Non. . . . Je n'ai pas été le Maître d'un premier ſaiſiſſement, mais je vous aime trop pour être plus long-tems effrayé . . . Chere ombre, le Ciel m'eſt témoin que je viens ici pour vous rejoindre.

FLORISSE.
Je te cherchois auſſi ; enfin nous ne ſerons plus ſéparés ; les Dieux devoient cette récompenſe à notre innocence, à nos malheurs & à notre amour ; cher Amant, quelle douceur de t'avoir prouvé par ma mort combien je t'étois attachée ! ah ! peut on ſurvivre à ce qu'on aime.

ZERME'S.
Si je vous ai ſurvécu juſqu'à ce moment, c'eſt que d'abord on a retenu mon bras, & qu'enſuite pour venir ici, il m'a fallu tromper la vigilance de ceux qui m'obſervoient. . . .

FLORISSE.
Que veux-tu dire ?

ZERME'S.
Je vis encore ; il eſt vrai, mais ne m'en faites pas un crime, puiſque je n'ai pas été le Maître de ter-miner plûtôt mon ſort.

FLORISSE.
Tu vis encore ! quoi, ce n'eſt pas à l'ombre de mon Amant que je parle ! Pourquoi Mutalib eſt-il venu m'annoncer qu'il t'avoit trouvé baigné dans

ton fang ? Pourquoi m'a-t-il montré le poignard
dont tu t'étois, difoit-il, donné la mort, & dont
je me fuis auffi-tôt frappée ?...

ZERMES.

Mutalib vous a fait un récit auffi peu véritable !
quel étoit fon deffein ? Il fembloit nous aimer,
nous trahiffoit-il?Eftoit-il au nombre de nos Perfécu-
teurs ? Hélas, nous n'avons donc trouvé fur la terre
que des Perfides & des Tirans ! connois du moins,
chere ombre, que l'Amour t'y avoit fait rencontrer le plus fidéle & le plus tendre des Amans....

Il veut fe frapper.

FLORISSE.

Arrête, tout ceci me confond; fi l'état où je me
vois, fi ce Tombeau femble me dire que j'ai perdu
la vie, les mouvemens que je reffens, la joye qui
s'eft gliffée dans mon ame en apprenant que tu n'é-
tois point mort, la crainte que vient de m'infpirer
le coup dont tu voulois te frapper, femblent m'affu-
rer auffi que je vis encore;craindrois-je ce qui pourroit nous réunir !...

ZERMES.

O, ciel !... Vous vivriez !... Grands Dieux,
chere Floriffe je pourrois....

Le Théâtre change & reprefente des Jardins délicieux.

MUTALIB.

Oui, tu peux livrer ton ame aux plus heureux tranfports; il
falloit que tant d'offenfes, de trahifons & de perfidies que mon
frere & ma fœur avoient faites au véritable amour, fuffent repa-
rées par la pure & fincere ardeur dont leurs enfans brûleroient
l'un pour l'autre; tel étoit l'Arrêt du deftin; vous y avez fa-
tisfait; vous avez voulu tous les deux vous donner la mort
pour ne vous pas furvivre; l'Oracle eft accompli; rien ne trou-
blera deformais votre bonheur; que tout ici l'annonce, & la
joie que je reffens de pouvoir enfin unir de fi parfaits Amans.

Des Silphes & des Génies forment le divertiffement.

www.ingramcontent.com/pod-product-compliance
Lightning Source LLC
LaVergne TN
LVHW022025080426
835513LV00009B/881